Rosaire Médité

Pour faire face au deuil

Patrick MARAJO

Rosaire Médité

Pour faire face au deuil

Patrick MARAJO

Édition : BoD · Books on Demand GmbH, In de Tarpen 42, 22848 Norderstedt (Allemagne)
Impression : Libri Plureos GmbH, Friedensallee 273, 22763 Hambourg (Allemagne)

ISBN : 978-2-3225-5716-5
Dépôt légal : octobre 2024

Table des matières

Les 15 promesses de la Vierge Marie révélées en 1460 au bienheureux Alain de la Roche (1428-1475), révérend père dominicain du couvent de Dinan à ceux qui récitent la prière du chapelet :

1. A tous ceux qui réciteront dévotement mon Rosaire, je promets ma protection toute spéciale et de très grandes grâces.

2. Celui qui persévérera dans la récitation de mon Rosaire recevra quelques grâces signalées.

3. Le Rosaire sera une armure très puissante contre l'enfer. Il détruira les vices, délivrera du péché, dissipera les hérésies.

4. Le Rosaire fera fleurir les vertus et les bonnes œuvres et obtiendra aux âmes les miséricordes divines les plus abondantes ; il substituera dans les cœurs l'amour de Dieu à l'amour du monde, les élevant au désir des biens célestes et éternels. Que d'âmes se sanctifieront par ce moyen !

5. Celui qui se confie en moi par le Rosaire, ne périra pas.

6. Celui qui récitera pieusement mon Rosaire en considérant ses mystères, ne sera pas accablé par le malheur. Pécheur, il se convertira; juste, il croîtra en grâce et deviendra digne de la vie éternelle.

7. Les vrais dévots de mon Rosaire seront aidés à leur mort par les secours du Ciel.

8. Ceux qui récitent mon Rosaire trouveront pendant leur vie et à leur mort, la lumière de Dieu, la plénitude de ses grâces et ils participeront aux mérites des Bienheureux.

9. Je délivrerai très promptement du purgatoire les âmes dévotes à mon Rosaire.

10, Les véritables enfants de mon Rosaire jouiront d'une grande gloire dans le Ciel.

11. Ce que vous demanderez par mon Rosaire, vous l'obtiendrez.

12. Ceux qui propageront mon Rosaire seront secourus par moi dans toutes leurs nécessités.

13. J'ai obtenu de mon Fils que tous les confrères du Rosaire aient pour frères, en la vie et à la mort, les Saints du ciel.

14. Ceux qui récitent fidèlement mon Rosaire sont tous mes fils bien-aimés, les frères et sœurs de Jésus-Christ.

15. La dévotion à mon Rosaire est un grand signe de prédestination.

Structure du Chapelet

Le chapelet traditionnel comporte cinq dizaines, chacune composée d'un Notre Père, de dix Je vous salue Marie et d'un Gloire au Père. Chaque dizaine est méditée en se concentrant sur un mystère de la vie de Jésus et de la Vierge Marie.

On commence par l'extrémité du chapelet en priant le « Je crois en Dieu » sur la croix, un « Notre Père » sur le premier grain, trois « Je vous salue » sur les trois grains suivants et un « Gloire au Père sur le quatrième grain, avant de commencer les méditations du Chapelet.

Prier le chapelet est une belle manière de méditer sur la vie de Jésus et de Marie tout en demandant leurs intercessions.

Mystères du Rosaire

Il existe quatre ensembles de mystères :

1.   **Les Mystères Joyeux** (lundi et samedi)

- L'Annonciation
- La Visitation
- La Nativité
- La Présentation de Jésus au Temple
- Le Recouvrement de Jésus au Temple

2.   **Les Mystères Lumineux** (jeudi)

- Le Baptême de Jésus dans le Jourdain
- Les Noces de Cana
- La Proclamation du Royaume de Dieu
- La Transfiguration
- L'Institution de l'Eucharistie

3.   **Les Mystères Douloureux** (mardi et vendredi)

- L'Agonie de Jésus au Jardin des Oliviers
- La Flagellation
- Le Couronnement d'épines
- Le Portement de la Croix
- La Crucifixion

4.   **Les Mystères Glorieux** (mercredi et dimanche)

- La Résurrection

- L'Ascension

- La Pentecôte

- L'Assomption

- Le Couronnement de Marie

Comment prier le chapelet

1. **Faites le signe de la croix** : "Au nom du Père, et du Fils, et du Saint-Esprit. Amen."
2. **Récitez le Credo** (Symbole des Apôtres).
3. **Dites un Notre Père** sur le premier gros grain.
4. **Dites trois Je vous salue Marie** sur les trois petits grains suivants pour les vertus de foi, d'espérance et de charité.
5. **Dites un Gloire au Père.**
6. **Annoncez le premier mystère** et récitez un Notre Père.
7. **Récitez dix Je vous salue Marie** en méditant sur le mystère.
8. **Dites un Gloire au Père et la prière de Fatima.**
9. **Répétez les étapes 6 à 8** pour les quatre autres mystères.

Le signe de la croix

"Au nom du Père, et du Fils, et du Saint-Esprit. Amen."

Prière du Credo (Symbole des Apôtres)

Je crois en Dieu,
le Père tout-puissant,
créateur du ciel et de la terre ;
et en Jésus-Christ,
son Fils unique, notre Seigneur,
qui a été conçu du Saint-Esprit,
est né de la Vierge Marie,

a souffert sous Ponce Pilate,
a été crucifié,
est mort et a été enseveli,
est descendu aux enfers,
le troisième jour est ressuscité des morts,
est monté aux cieux,
est assis à la droite de Dieu le Père tout-puissant,
d'où il viendra juger les vivants et les morts.
Je crois en l'Esprit-Saint,
à la sainte Eglise catholique,
à la communion des saints,
à la rémission des péchés,
à la résurrection de la chair,
à la vie éternelle.
Amen.

Prière du "Notre Père"

"Notre Père, qui êtes aux cieux, que votre nom soit sanctifié ; que votre règne vienne ; que votre volonté soit faite sur la terre comme au ciel. Donnez-nous aujourd'hui notre pain de ce jour ; pardonnez-nous nos offenses, comme nous pardonnons aussi à ceux qui nous ont offensés ; et ne nous laissez pas entrer en tentation, mais délivrez-nous du mal. Amen."

Prière du "Je vous salue, Marie"

"Je vous salue, Marie, pleine de grâce ; le Seigneur est avec vous ; vous êtes bénie entre toutes les femmes, et Jésus, le fruit de vos entrailles, est béni. Sainte Marie, Mère de Dieu, priez pour nous, pauvres pécheurs, maintenant et à l'heure de notre mort. Amen."

Prière du "Gloire au Père"

"Gloire au Père, au Fils et au Saint-Esprit. Comme il était au commencement, maintenant et toujours, et dans les siècles des siècles. Amen."

La prière de Fatima :

"Ô mon Jésus, pardonnez-nous nos péchés, préservez-nous du feu de l'enfer et conduisez toutes les âmes au ciel, surtout celles qui ont le plus besoin de votre miséricorde."

1. L'Annonciation

« **Et elle enfanta son fils premier-né, l'emmaillota et le coucha dans une mangeoire, parce qu'il n'y avait pas de place pour eux dans la salle commune. Dans la même région, il y avait des bergers qui passaient la nuit dans les champs pour garder leurs troupeaux. Un ange du Seigneur leur apparut, et la gloire du Seigneur les enveloppa de sa lumière. » (Luc 2:7-9)**

Méditation : Seigneur, par l'annonce de l'ange Gabriel, Marie a reçu avec humilité la nouvelle de ta venue. Apprends-nous à accueillir ta volonté dans nos vies, même dans la douleur de la perte. Que l'exemple de Marie nous inspire à garder la foi et à trouver la paix dans ta promesse de vie éternelle.

Notre Père ... (1 fois)
Je vous salue Marie... (10 fois)
Gloire au Père... (1 fois)
Ô mon Jésus ... (1 fois)

2. La Visitation

« **Lorsqu'Élisabeth entendit la salutation de Marie, l'enfant tressaillit en elle ; alors Élisabeth fut remplie d'Esprit Saint et s'écria d'une voix forte : "Tu es bénie entre toutes les femmes et le fruit de tes entrailles est béni. Et d'où m'est-il donné que la mère de mon Seigneur vienne à moi ?" » (Luc 1:41-43)**

Méditation : Marie, porteuse de la bonne nouvelle, est allée visiter sa cousine Élisabeth. Que ce mystère nous rappelle l'importance de la solidarité et du réconfort entre nous en ces moments difficiles. Seigneur, aide-nous à être présents les uns pour les autres et à trouver du soutien dans nos proches.

Notre Père ... (1 fois)
Je vous salue Marie... (10 fois)
Gloire au Père... (1 fois)
Ô mon Jésus ... (1 fois)

3. La Nativité

« Et elle enfanta son fils premier-né, l'emmaillota et le coucha dans une mangeoire, parce qu'il n'y avait pas de place pour eux dans la salle commune. Dans la même région, il y avait des bergers qui passaient la nuit dans les champs pour garder leurs troupeaux. Un ange du Seigneur leur apparut, et la gloire du Seigneur les enveloppa de sa lumière. » (Luc 2:7-9)

Méditation : Seigneur, tu es né dans l'humilité d'une crèche, apportant la lumière au monde. Dans notre douleur, rappelle-nous que tu es la lumière qui ne s'éteint jamais. Que ta naissance nous donne l'espoir et la certitude que notre bien-aimé(e) repose maintenant dans ta paix et ta gloire.

Notre Père ... (1 fois)
Je vous salue Marie... (10 fois)
Gloire au Père... (1 fois)
Ô mon Jésus ... (1 fois)

4. La Présentation au Temple

« Siméon les bénit et dit à Marie, sa mère : "Vois, cet enfant doit amener la chute et le relèvement de beaucoup en Israël ; il sera un signe de contradiction – et toi-même, une épée te transpercera l'âme ! – afin que se révèlent les pensées intimes de bien des cœurs." » (Luc 2:34-35)

Méditation : Siméon a vu en toi, enfant Jésus, le salut de toutes les nations. Puissions-nous, à l'instar de Siméon, trouver consolation en sachant que nos êtres chers sont maintenant dans tes bras aimants. Que ce mystère nous réconforte et nous donne l'assurance de ta présence éternelle.

Notre Père ... (1 fois)
Je vous salue Marie... (10 fois)
Gloire au Père... (1 fois)
Ô mon Jésus ... (1 fois)

5. Le Recouvrement de Jésus au Temple

« Au bout de trois jours, ils le trouvèrent dans le Temple, assis au milieu des docteurs, les écoutant et les interrogeant. Et tous ceux qui l'entendaient étaient stupéfaits de son intelligence et de ses réponses. » (Luc 2:46-47)

Méditation : Marie et Joseph, dans leur inquiétude, ont retrouvé Jésus au temple. De même, Seigneur, aide-nous à retrouver la sérénité et la paix en toi. Que notre foi nous guide et nous fortifie, sachant que tu es avec nous dans chaque épreuve.

Notre Père ... (1 fois)
Je vous salue Marie... (10 fois)
Gloire au Père... (1 fois)
Ô mon Jésus ... (1 fois)

Mystères Lumineux

1. Le Baptême de Jésus dans le Jourdain

« Dès qu'il fut baptisé, Jésus remonta de l'eau ; et voici que les cieux s'ouvrirent, et il vit l'Esprit de Dieu descendre comme une colombe et venir sur lui. Et des cieux, une voix disait : "Celui-ci est mon Fils bien-aimé ; en lui, j'ai mis tout mon amour." » (Matthieu 3:16-17)

Méditation : Seigneur, par ton baptême, tu as été révélé comme le Fils bien-aimé du Père. Que ce mystère nous rappelle notre propre baptême et la promesse de vie éternelle. Que nous trouvions réconfort dans la certitude que notre bien-aimé(e) est maintenant avec toi, dans la lumière de ton amour.

Notre Père ... (1 fois)
Je vous salue Marie... (10 fois)
Gloire au Père... (1 fois)
Ô mon Jésus ... (1 fois)

2. Les Noces de Cana

« Jésus dit aux serviteurs : "Remplissez d'eau les jarres." Et ils les remplirent jusqu'au bord. Il leur dit : "Puisez maintenant et portez-en au maître du repas." Ils lui en portèrent. » (Jean 2:7-8)

Méditation : À Cana, tu as transformé l'eau en vin, manifestant ta divine puissance et ta compassion. Transforme notre douleur en espérance, Seigneur. Que nous puissions voir, au-delà de nos larmes, les signes de ton amour et de ta présence réconfortante.

Notre Père ... (1 fois)
Je vous salue Marie... (10 fois)
Gloire au Père... (1 fois)
Ô mon Jésus ... (1 fois)

3. La Proclamation du Royaume de Dieu

« Jésus alla dans toute la Galilée, enseignant dans leurs synagogues, proclamant la Bonne Nouvelle du Royaume et guérissant toute maladie et toute infirmité parmi le peuple. » (Matthieu 4:23)

Méditation : Seigneur, tu as prêché la bonne nouvelle du Royaume de Dieu, appelant chacun à la repentance et à la foi. Que ce mystère nous rappelle que la mort n'est pas la fin, mais le commencement d'une vie nouvelle en toi. Que nos cœurs soient remplis d'espérance et de confiance en tes promesses.

Notre Père ... (1 fois)
Je vous salue Marie... (10 fois)
Gloire au Père... (1 fois)
Ô mon Jésus ... (1 fois)

4. La Transfiguration

« Son visage devint brillant comme le soleil, et ses vêtements, blancs comme la lumière. Et voici que leur apparurent Moïse et Élie, qui s'entretenaient avec lui. » (Matthieu 17:2-3)

Méditation : Sur le mont Thabor, tu as révélé ta gloire divine à tes disciples. Que la vision de ta gloire nous réconforte et nous fortifie. Nous croyons que nos défunts contemplent maintenant ta face radieuse et vivent dans ta lumière éternelle.

Notre Père ... (1 fois)
Je vous salue Marie... (10 fois)
Gloire au Père... (1 fois)
Ô mon Jésus ... (1 fois)

5. L'Institution de l'Eucharistie

« Prenant du pain et ayant rendu grâce, il le rompit et le leur donna, en disant : "Ceci est mon corps donné pour vous. Faites cela en mémoire de moi." Et pour la coupe, il fit de même après le repas, disant : "Cette coupe est la nouvelle alliance en mon sang, répandu pour vous." » (Luc 22:19-20)

Méditation : Seigneur, par l'institution de l'Eucharistie, tu nous as laissé le sacrement de ton amour et de ta présence. En recevant ce sacrement, puissions-nous trouver force et réconfort, sachant que tu es toujours avec nous. Que ton corps et ton sang nous unissent à nos êtres chers dans la communion des saints.

Notre Père ... (1 fois)
Je vous salue Marie... (10 fois)
Gloire au Père... (1 fois)
Ô mon Jésus ... (1 fois)

Mystères Douloureux

1. L'Agonie de Jésus au Jardin des Oliviers

« Il se sépara d'eux à peu près à un jet de pierre, se mit à genoux et pria, disant : "Père, si tu veux, éloigne de moi cette coupe ! Cependant, que ce ne soit pas ma volonté, mais la tienne qui se fasse !" Alors lui apparut, venant du ciel, un ange qui le réconfortait. » (Luc 22:41-43)

Méditation : Seigneur, dans ton agonie, tu as porté le poids des péchés du monde. Dans notre propre souffrance, aide-nous à trouver consolation en sachant que tu comprends notre douleur. Que ton exemple de soumission à la volonté du Père nous fortifie et nous donne la paix.

Notre Père ... (1 fois)
Je vous salue Marie... (10 fois)
Gloire au Père... (1 fois)
Ô mon Jésus ... (1 fois)

2. La Flagellation de Jésus

« Alors Pilate prit Jésus et le fit flageller. » (Jean 19:1)

Méditation : Seigneur, tu as enduré la flagellation pour notre salut. Puissions-nous, en méditant ce mystère, trouver la force de supporter nos propres souffrances. Que notre douleur soit unie à la tienne, et que nous trouvions réconfort en ta grande miséricorde.

Notre Père ... (1 fois)
Je vous salue Marie... (10 fois)
Gloire au Père... (1 fois)
Ô mon Jésus ... (1 fois)

3. Le Couronnement d'Épines

« Les soldats tressèrent une couronne d'épines et la posèrent sur sa tête, puis ils le revêtirent d'un manteau de pourpre. Ils s'avançaient vers lui et disaient : "Salut, roi des Juifs !" Et ils lui donnaient des coups. » (Jean 19:2-3)

Méditation : Seigneur, tu as été couronné d'épines, subissant humiliation et moquerie. Dans nos moments de désespoir et de tristesse, aide-nous à te trouver comme notre refuge et notre force. Que ton amour guérisse nos cœurs brisés et nous donne la consolation.

Notre Père ... (1 fois)
Je vous salue Marie... (10 fois)
Gloire au Père... (1 fois)
Ô mon Jésus ... (1 fois)

4. Le Portement de la Croix

« Prenant sa croix, il sortit en direction du lieu dit le Crâne, ou Calvaire, en hébreu Golgotha. » (Jean 19:17)

Méditation : Seigneur, en portant ta croix, tu as montré un exemple de patience et de persévérance. Aide-nous à porter notre propre croix avec foi, sachant que tu es à nos côtés. Que nous trouvions en toi le soutien et le réconfort nécessaires pour traverser cette épreuve.

Notre Père ... (1 fois)
Je vous salue Marie... (10 fois)
Gloire au Père... (1 fois)
Ô mon Jésus ... (1 fois)

5. La Crucifixion et la Mort de Jésus

« Jésus poussa un grand cri et dit : "Père, entre tes mains je remets mon esprit." Ayant dit cela, il expira. » (Luc 23:46)

Méditation : Seigneur, par ta mort sur la croix, tu as ouvert les portes du ciel. Que ce mystère nous rappelle que la mort n'a pas le dernier mot. Puissions-nous trouver paix et espérance en la résurrection, et croire que nos défunts vivent maintenant en toi, dans la plénitude de ta gloire.

Notre Père ... (1 fois)
Je vous salue Marie... (10 fois)
Gloire au Père... (1 fois)
Ô mon Jésus ... (1 fois)

1. La Résurrection de Jésus

« Il n'est pas ici, car il est ressuscité comme il l'avait dit. Venez voir l'endroit où il gisait. Et vite, allez dire à ses disciples : "Il est ressuscité d'entre les morts et voici qu'il vous précède en Galilée ; là vous le verrez." Voilà ce que j'avais à vous dire. » (Matthieu 28:6-7)

Méditation : Seigneur, par ta résurrection, tu as vaincu la mort et offert la vie éternelle. Que ce mystère soit pour nous une source de grande consolation. Nous croyons que nos chers défunts participent maintenant à ta victoire et vivent dans ta joie éternelle.

Notre Père ... (1 fois)
Je vous salue Marie... (10 fois)
Gloire au Père... (1 fois)
Ô mon Jésus ... (1 fois)

2. L'Ascension de Jésus

« Il fut enlevé au ciel et s'assit à la droite de Dieu. Quant à eux, ils s'en allèrent prêcher partout, le Seigneur travaillant avec eux et confirmant la Parole par les signes qui l'accompagnaient. » (Marc 16:19-20)

Méditation : Seigneur, en montant au ciel, tu as préparé une place pour nous auprès du Père. Que notre espérance en la vie éternelle nous réconforte dans notre peine. Que nous soyons consolés en sachant que nos êtres chers sont accueillis dans ta maison céleste.

Notre Père ... (1 fois)
Je vous salue Marie... (10 fois)
Gloire au Père... (1 fois)
Ô mon Jésus ... (1 fois)

3. La Pentecôte

« Tous furent remplis d'Esprit Saint et commencèrent à parler en d'autres langues, selon que l'Esprit leur donnait de s'exprimer. Or, il y avait à Jérusalem des Juifs pieux, venus de toutes les nations qui sont sous le ciel. » (Actes 2:4-5)

Méditation : Seigneur, par le don du Saint-Esprit, tu as renouvelé tes disciples. Envoie ton Esprit Consolateur dans nos cœurs attristés. Que sa présence nous apporte paix, courage et réconfort, et nous aide à avancer malgré la douleur de la perte.

Notre Père ... (1 fois)
Je vous salue Marie... (10 fois)
Gloire au Père... (1 fois)
Ô mon Jésus ... (1 fois)

4. L'Assomption de la Vierge Marie

Bien que l'Assomption ne soit pas explicitement mentionnée dans la Bible, elle est une tradition de l'Église catholique célébrée et honorée, reflétant la foi en la glorification de Marie, Mère de Dieu.

Méditation : Marie, élevée au ciel, prie pour nous et pour nos défunts. Que ce mystère nous réconforte en sachant que tu es notre Mère céleste, toujours prête à nous aider. Que nous trouvions paix et consolation sous ton manteau maternel.

Notre Père ... (1 fois)
Je vous salue Marie... (10 fois)
Gloire au Père... (1 fois)
Ô mon Jésus ... (1 fois)

5. Le Couronnement de Marie Reine du Ciel et de la Terre

« Un grand signe apparut dans le ciel : une femme, revêtue du soleil, la lune sous ses pieds et sur sa tête une couronne de douze étoiles. Elle est enceinte et elle crie, dans les douleurs et le travail de l'enfantement. » (Apocalypse 12:1-2)

Méditation : Marie, reine du ciel et de la terre, nous te confions nos défunts. Qu'ils reposent en paix dans ton royaume, et que nous, en méditant ce mystère, trouvions réconfort et espoir dans ta puissante intercession. Seigneur, aide-nous à vivre dans l'espérance de te rejoindre un jour dans ta gloire éternelle.

Notre Père ... (1 fois)
Je vous salue Marie... (10 fois)
Gloire au Père... (1 fois)
Ô mon Jésus ... (1 fois)

Conclusion

Que cette prière soit pour nous une source de consolation et de force. Le chemin de la foi n'efface pas la douleur de la séparation, mais il éclaire notre cœur de l'espérance que nous ne sommes pas seuls. Le Christ marche avec nous dans nos épreuves, et Marie, notre mère, nous enveloppe de son manteau de tendresse.

En achevant ce rosaire médité, nous nous tournons vers le Seigneur avec des cœurs remplis de confiance, malgré la douleur de la séparation. Nous venons de confier nos chers défunts à la tendresse et à la miséricorde de Dieu, avec la certitude que, tout comme le Christ est ressuscité, ils reposent désormais dans sa lumière et sa paix.

Marie, notre douce Mère, a été présente à chaque instant de notre prière, nous accompagnant dans ce chemin de deuil, de souffrance, mais aussi d'espérance. Elle, qui a connu l'épreuve de la perte et la joie de la résurrection, nous guide et nous console, nous assurant que nos larmes ne sont jamais versées en vain.

Nous savons que la mort n'est pas la fin. Elle est une porte ouverte sur la vie éternelle, celle que le Seigneur a préparée pour chacun de nous. Que cette espérance soit notre force aujourd'hui. Le Seigneur est notre refuge, notre consolation. Il nous promet que nous serons un jour tous réunis dans son Royaume, là où il n'y a plus ni douleur, ni séparation, mais une joie sans fin dans sa présence.

Seigneur Jésus,

Toi qui as ouvert les portes du Ciel par ta mort et ta résurrection,
Accueille dans ta paix nos frères et sœurs défunts,
Console nos cœurs meurtris et donne-nous la force de poursuivre notre chemin avec foi et espérance.

Ô Marie, Mère de Dieu et Mère de l'Église,

Toi qui as veillé sous la croix et accueilli la lumière de la résurrection,
Conduis-nous vers ton Fils, et intercède pour nous en ces temps de tristesse.

Que par ton amour maternel, nous soyons soutenus et réconfortés.

Amen.

SOUVENEZ-VOUS

Souvenez-vous, ô très miséricordieuse
Vierge Marie, qu'on n'a jamais entendu dire
qu'aucun de ceux qui avaient eu recours à
votre protection, imploré votre assistance,
réclamé votre secours, ait été abandonné.
Animé d'une pareille confiance, ô Vierge
des vierges, ô ma Mère, je cours vers vous
et, gémissant sous le poids de mes péchés, je
me prosterne à vos pieds. Ô Mère du Verbe,
ne méprisez pas mes prières, mais accueillez-
les favorablement et daignez les exaucer.

Amen !

Prière à Saint Michel Archange

Saint Michel Archange, Défendez-nous dans le combat,
soyez notre secours contre la malice et les embûches du
démon. Que Dieu lui fasse sentir son empire, nous vous
en supplions ! Et vous, Prince des milices célestes,
précipitez en enfer, par la force divine, Satan et les autres
esprits mauvais qui rôdent dans le monde pour la perte
des âmes.

Amen !

Je vous Salue Joseph

Vous êtes béni entre tous les hommes et Jésus, l'Enfant divin de votre virginale Épouse est béni. Saint Joseph, donné pour père au Fils de Dieu, priez pour nous dans nos soucis de famille, de santé et de travail, jusqu'à nos derniers jours, et daignez nous secourir à l'heure de notre mort.

Amen !

Consécration à Marie de St Louis-Marie Grignion de Montfort

«Je vous choisis, aujourd'hui ô Marie, en présence de toute la cour céleste,
pour ma Mère et ma Reine.
Je vous livre et consacre, en toute soumission et amour,
mon corps et mon âme, mes biens intérieurs et extérieurs,
et la valeur même de mes bonnes actions passées,
présentes et futures,
vous laissant un entier et plein droit de disposer de moi,
et de tout ce qui m'appartient, sans exception,
selon votre bon plaisir, à la plus grande Gloire de Dieu,
dans le temps et l'éternité.

Amen !

Prière pour les défunts

C'est le devoir de tout chrétien d'offrir des prières et des suffrages pour le repos éternel de l'âme de ceux qui sont morts.

Du fond de l'abîme, j'ai crié vers Vous, Seigneur; Seigneur, écoutez ma voix.
Que Vos oreilles soient attentives à la voix de ma prière.
Si Vous considérez les iniquités, Seigneur, qui pourra subsister devant Vous, ô mon Dieu?

Mais Vous aimez à pardonner, aussi, appuyé sur Votre loi, j'attends, Seigneur, Votre secours.
Mon âme l'attend, fondée sur Vos promesses, mon âme se confie dans le Seigneur.
Depuis le matin jusqu'au soir, qu'Israël espère dans le Seigneur.
Car le Seigneur est plein de miséricorde; et l'on trouve en Lui une abondante rédemption.
C'est Lui qui rachètera Israël de toutes ses iniquités.

- Donnez-leur, Seigneur, le repos éternel.
  Et que la lumière éternelle les éclaire.
- Qu'ils reposent en paix.
  Ainsi soit-il.
- Seigneur, écoutez ma prière.
  Et que mon cri parvienne jusqu'à Vous.
- Le Seigneur soit avec vous.
  Et avec votre esprit.

Prions: Ô Dieu, Créateur et Rédempteur de tous les fidèles, accordez aux âmes de Vos serviteurs et de Vos servantes, la rémission de tous leurs péchés, afin qu'elles obtiennent, par nos humbles prières, le pardon qu'elles ont toujours attendu de Votre miséricorde. Vous qui étant Dieu vivez et régnez avec Dieu le Père, en l'unité du Saint-Esprit dans tous les siècles des siècles. Ainsi soit-il.

[1]Le Purgatoire - Témoignages – Le sanctuaire de Montligeon

25 février 2009
Rédigé par Mgr J. Masson et publié depuis Overblog

Saint Augustin (354-430)

« L'apôtre dit : il sera sauvé comme à travers le feu... On méprise ce feu à cause des mots "il sera sauvé". Il est certain pourtant que ce feu sauveur sera plus terrible que toutes les souffrances qu'un homme puisse endurer en cette vie. »

Sainte Gertrude (1256-1302)

Sainte Gertrude priait pour Frère Hermann, convers, récemment décédé. Cette âme lui ayant été montrée : « Pour quelle faute, lui demanda-t-elle, souffrez-vous davantage ? - Pour ma volonté propre : même lorsque je faisais du bien, j'aimais mieux en faire à ma tête que de suivre l'avis des autres. J'en souffre maintenant une si grande peine que, si l'on réunissait toutes les peines qui accablent le cœur de tous les hommes, elles n'arriveraient à rien de pareil à ce que je souffre. » Comme Gertrude récitait pour lui l'Oraison dominicale, quand elle prononça ces paroles : « Pardonnez-nous nos péchés comme nous pardonnons », cette âme prit un air plein d'anxiété et lui dit : « Lorsque j'étais dans le monde, j'ai beaucoup péché pour n'avoir pas facilement pardonné à ceux qui avaient agi contre moi ; pendant longtemps, je

---

[1] Source : http://hermas.over-blog.org/

gardais mon sérieux avec eux, et, pour expiation, je souffre, lorsque j'entends ces paroles, une honte intolérable et pleine d'anxiété. » Comment on offrait pour cette âme le saint Sacrifice, elle parut en être merveilleusement réjouie et glorifiée. Ce que voyant Gertrude, elle demanda au Seigneur : « Cette âme a-t-elle acquitté maintenant tout ce qu'elle devait souffrir ? » Le Seigneur répondit : « Elle en a plus acquitté que toi ou quelqu'un des hommes ne pourrait le penser, cependant elle n'est pas tellement purifiée qu'elle puisse être admise à jouir de ma présence. Mais sa consolation et son soulagement vont toujours croissant à mesure que l'on prie pour elle. Cependant vos prières ne peuvent la secourir aussi promptement qu'elles le feraient si elle n'avait commis dans le monde cette faute de se montrer dure et inexorable et de ne pas fléchir sa volonté au gré de la volonté des autres, ne voulant pas accorder ce qu'elle n'avait pas dans sa volonté. »

Sainte Catherine de Sienne (1347-1380)

« Si les pauvres hommes pouvaient soupçonner ce que sont le purgatoire et l'enfer, ils préféreraient mourir dix fois que d'endurer de tels supplices un seul jour. »

Sainte Françoise Romaine, Veuve - Fondatrice Des Oblates - (1384-1440)

« Après les visions susdites, la servante de Dieu fut conduite à celle du purgatoire dont la distribution est la même que celle de l'enfer. En approchant de ce triste lieu, elle lut ces paroles écrites sur la porte : «C'est ici le purgatoire, lieu d'espérance, où les âmes attendent l'accomplissement de leur désir». L'ange Raphaël lui fit voir les trois parties de cette demeure ; et voici ce qu'elle y vit :

Dans la partie la plus basse brûle un feu qui donne de la lumière, dissemblable en cela à celui de l'enfer, qui est noir et sans aucune clarté. Ce feu est très ardent et d'une couleur rouge. C'est là que sont punies les âmes redevables à la justice divine de la peine temporelle qu'elles méritèrent par de grands péchés ; et le feu les tourmente plus ou moins rigoureusement, selon la qualité et la quantité de leurs dettes. L'ange lui dit que, sept années de souffrances dans cette partie intérieure, correspondent à celle temporelle méritée par un seul péché mortel.

A la gauche de ces âmes, mais hors du purgatoire, Françoise vit les démons qui les tentaient pendant la vie, et elle observa que ces pauvres âmes souffraient beaucoup de leur vision, et des reproches qu'ils ne cessaient de leur faire entendre. «Vous avez mieux aimé, leur disaient-ils, suivre nos illusions et nos persuasions, que les préceptes de l'Évangile. Vous avez eu la folie d'offenser Celui à qui vous étiez redevable de votre création et rédemption. Demeurez ici maintenant pour expier vos ingratitudes». Du reste, le pouvoir des démons sur ces âmes se borne à ces deux choses : à les affliger par leurs reproches et par leur horrible aspect.

Ces âmes, placées dans le feu du purgatoire inférieur, acquiescent humblement à la justice divine ; néanmoins, la rigueur des peines qu'elles endurent leur arrache des gémissements que personne en cette vie ne saurait comprendre. Elles acquiescent à la volonté de leur juge, parce qu'elles comprennent parfaitement l'équité des tourments qu'elles endurent. Or, cet acquiescement, est cause que Dieu prête l'oreille à leurs plaintes, qu'Il en est touché et leur donne quelques consolations. Il ne les arrache pas pour cela aux flammes qui les brûlent, mais Il leur fait trouver dans leur soumission même, une sorte de rafraîchissement, ainsi que dans la pensée qu'elles arriveront bientôt à la gloire éternelle. Elles connaissent non seulement leurs propres péchés, mais encore ceux des autres âmes qui souffrent avec elles, et toutes sont contentes de la justice punitive de Dieu, qui s'exerce avec tant d'équité.

Lorsqu'un ange gardien a conduit dans ce purgatoire inférieur l'âme qui lui était confiée, il se place en dehors de la prison, au côté droit de la porte, tandis que le mauvais ange se place au côté gauche ; et il se tient là jusqu'à ce que cette âme entièrement purifiée, devienne libre de monter au ciel. C'est lui qui recueille les suffrages offerts pour elle sur la terre, et les présente à la justice de Dieu, qui les lui rend, afin qu'il les applique à cette pauvre âme, comme un remède qui adoucit ses maux. Il présente également à Dieu toutes les bonnes œuvres qu'elle a faites pendant sa vie mortelle tandis que le mauvais ange rappelle sans cesse les péchés qu'elle a commis, à la justice du Seigneur. Lorsqu'une âme a fait des legs pieux avant son trépas, Dieu, dans Sa bonté, les accepte sur-le-champ et les récompense, quand même ils ne recevraient pas leur exécution par la faute de ceux qui en étaient chargés. Cependant, si elle a renvoyé ces bonnes œuvres après sa mort, par affection pour ses richesses, Dieu ne la récompense qu'à l'expiration du temps déterminé par elle pour leur accomplissement.

Ce purgatoire inférieur se divise en trois prisons séparées, où le feu n'a pas une égale ardeur ; il est plus brûlant dans la première que dans la seconde, et dans la seconde que dans la troisième, Or, la première est destinée aux religieux et aux prêtres, eussent-ils commis de moindres péchés que les séculiers, parce qu'ils ont eu plus de lumières et n'ont pas honoré leur dignité comme ils le devaient. Françoise vit dans ce cachot un prêtre fort pieux, mais qui avait trop contenté son appétit dans l'usage des aliments. La seconde prison est la demeure des religieux et des clercs qui ne furent pas honorés du sacerdoce. Dans la troisième, sont renfermées les âmes séculières qui commirent des péchés mortels et ne les expièrent pas pendant la vie. Les tourments ne sont pourtant pas égaux dans chacune de ces prisons ; ils sont plus ou moins cruels selon la mesure des dettes et la qualité des personnes. Les supérieurs y souffrent davantage que les inférieurs ; selon qu'une âme est plus ou moins coupable, les supplices sont plus ou moins cruels, et leur durée plus ou moins longue.

Après avoir considéré le purgatoire inférieur, Françoise fut conduite à la vision du purgatoire intermédiaire. Or, il se partage, comme l'autre, en trois parties, dont la première est un lac d'eau glacée, la seconde un lac de poix fondue, mêlée d'huile bouillante, et la troisième un lac de métaux liquéfiés. C'est dans ce purgatoire que sont logées les âmes, qui ne commirent pas de péchés assez graves pour mériter d'être placées dans le purgatoire inférieur. Ce sont donc les péchés véniels qui conduisent à ce purgatoire intermédiaire. Or, il y a dans cette prison trente-huit anges qui sont sans cesse occupés à transvaser, ces pauvres âmes d'un lac dans l'autre, ce qu'ils font avec des manières très gracieuses et une grande charité. Ces anges ne sont pas pris parmi leurs anges gardiens ; ce sont d'autres anges que la bonté de Dieu a chargés de ce ministère. J'attribue leur mission à la bonté de Dieu parce que leur présence est pour ces âmes d'une grande consolation.

La servante de Dieu reçut dans cette vision plusieurs lumières sur l'application des suffrages que les vivants offrent pour les morts, qui méritent bien d'être communiquées. Elle connut 1° que les messes, indulgences accordées, et bonnes œuvres offertes pour certaines âmes par leurs parents et amis, ne leur sont pas intégralement appliquées ; elles en reçoivent bien la meilleure part, mais le reste est réparti entre toutes les âmes du purgatoire. Françoise connut 2° que ces offrandes, faites par erreur à des âmes qui sont en paradis, profitent d'abord à ceux qui les font, et ensuite aux âmes du purgatoire. Elle connut 3° que ces mêmes secours adressés par les vivants à des âmes qu'ils croient en voie de salut, et qui sont réprouvées, entrent intégralement dans les trésors de leurs auteurs, parce que, ni les damnés ne peuvent en profiter, ni Dieu ne permet qu'elles soient appliquées aux âmes du purgatoire. Il est à remarquer que Françoise, au sortir d'une de ces visions, qui avait duré environ deux heures, crut y avoir employé un temps fort considérable. Il résulte donc de là que le temps qui semble passer vite sur la terre, parait bien long dans l'éternité » (Du Purgatoire, chap. VIII).

Sainte Thérèse d'Avila (1515-1582)

« De tant d'âmes qui furent montrées à Thérèse d'Avila, elle ne vit monter droit au ciel que trois, dont celle d'un géant de la pénitence, saint Pierre d'Alcantara. Les autres pénétraient dans la terre, disait-elle, et n'en ressortaient qu'une fois purifiées ».

Sainte Marguerite-Marie (1647-1690)

Elle vit un jour une religieuse décédée depuis longtemps : « Elle me dit qu'elle souffrait beaucoup en purgatoire, mais que Dieu venait de lui faire souffrir une peine incomparable qui était la vue d'une de ses parentes précipitée en enfer. »

Un jour, elle priait devant le Saint-Sacrement ; soudain, devant elle se présente une personne tout en feu ; les flammes brûlent si ardentes qu'il lui semble qu'elle en est toute pénétrée. A cette vue, sous ces tortures dévorantes, ses larmes jaillissent, abondantes. L'âme qui lui apparaît est celle d'un religieux bénédictin de la Congrégation de Cluny. Prieur de Paray, il l'avait confessée une fois et lui avait ordonné de faire la sainte communion. Il lui demande aujourd'hui de lui appliquer pendant trois mois les mérites de toutes ses prières et de toutes ses souffrances. Il lui découvre alors les causes de son rude purgatoire : trop d'attache à sa réputation lui a fait préférer son propre intérêt à la gloire de Dieu ; il manqua de charité envers ses frères ; dans ses entretiens spirituels et dans ses rapports avec les créatures, il avait trop d'attache naturelle, et cela déplaisait beaucoup à Dieu. Pendant trois mois, il se tint près de sa victime volontaire, ne la quittant point, et, du côté où il se trouve, elle brûle comme tout en feu. La douleur très vive la fait pleurer continuellement. La supérieure, qui sait tout, qui a tout approuvé, touchée de compassion, lui ordonne des pénitences et des disciplines. Au bout de trois mois, le bénédictin lui apparaît, tout éclatant de gloire ; il monte au ciel ; après l'avoir remerciée, il l'assure qu'à son tour il la protégera.

Sainte Véronique Giuliani (1660-1727)

« L'épouse du Crucifié » (Sposa del Crocifisso) entendit un jour la voix d'une jeune novice décédée du monastère de Florence : « o sœur, puisque vous avez payé ma dette (7), je ne manquerai pas de prier pour vous (8) et tout votre monastère. Si je pouvais retourner à la vie terrestre, je serais bien vite une sainte, et si les moniales de votre couvent savaient ce qu'est le purgatoire, elles sauraient vivre en vraies religieuses. Je vous le dis encore : que vos sœurs aient une idée du purgatoire, toutes alors seront des saintes. »

« Avant de quitter Plaisance, la jeune Orsola, prenant tout son courage, avait dit à son père : « Maintenant que vous avez le temps, pensez à ce que doit faire un chrétien, faites une bonne confession. » Pendant que je lui disais cela, écrit Véronique, il changea de visage et me demanda : « Pourquoi me dites-vous cela ? » Je répondis : « Je me sens inspirée de vous le dire. » Je savais qu'il y avait longtemps qu'il ne s'était pas confessé. Je sus qu'il se confessa peu après.

« Le pauvre Francesco Giuliani retomba ensuite dans ses faiblesses. « Il me semblait qu'on me disait mystérieusement que mon père était mort. Je cherchais à me distraire de ces pensées et à me résigner à la volonté de Dieu. Peu après, je vis mon père en songe. Il était très malade et dans son agonie se recommandait à mes prières. Je m'éveillai, mais je demeurai sous le coup d'une appréhension telle que j'eus comme la certitude que tout cela n'était pas un songe. La nuit suivante, je revis encore mon père : il était mourant, je le vis expirer. Je m'éveillai sous une poignante impression de douleur et je pleurai beaucoup. Mon cœur était gros de larmes, j'étais

persuadée que je venais d'assister à la mort de mon père.
J'avais reçu cependant, très peu de temps avant, une
lettre où il me disait qu'il se portait bien. Mais après cette
dernière nuit, je n'écoutais plus celles qui venaient pour
me persuader que je me trompais et qu'il ne fallait pas
croire aux rêves. Je cherchai à me distraire, mais je ne
doutai pas de cette mort. Enfin, la nouvelle arriva. Il était
vraiment mort à l'heure où je l'avais vu expirer. Mon
chagrin fut extrême parce que je craignais pour son âme.
Aussi je priai avec ardeur pour lui. Je vis alors une vision :
un endroit horrible et plein d'épouvante et je compris que
l'âme de mon père s'y trouvait. Jamais je ne pourrais
exprimer ma douleur : je craignais que ce ne fût l'enfer !
Je demeurai longtemps dans cette peine cruelle. Je ne me
souviens pas de lui avoir appliqué des suffrages. Je ne
pouvais me mettre à rien, je ne voulais pas davantage dire
la vision que j'avais eue, craignant que ce ne fût une vision
diabolique. Mais cette même vision revint et je vis cette
âme torturée d'une façon affreuse. Dans sa détresse, elle
me criait : « C'est à toi d'obtenir cette grâce. » Je la vis
souvent dans cet état et elle me disait qu'elle souffrait
encore et qu'elle savait bien qu'elle était dans un lieu de
salut. Je fis beaucoup de pénitences et de prières pour
cette âme et je crus un jour entendre le Seigneur me dire :
« Sois tranquille : pour telle fête, je délivrerai l'âme de ton
père des tourments où elle se trouve. Si tu veux qu'il en
soit ainsi, il faut que tu souffres beaucoup. » J'étais prête
à tout souffrir pour obtenir cette grâce. Mes souffrances
furent très grandes. Après la fête de sainte Claire, je crus
voir l'âme de mon père, mais non dans le même lieu
d'horreur. C'était encore le purgatoire, cependant. J'ai
longtemps supplié le Seigneur de me donner la délivrance
de cette âme. Bien des semaines après, j'eus cette
révélation que je devais avoir beaucoup de regrets de
n'avoir pas osé parler à mon père avec la liberté qu'il eût

fallu. Je connaissais bien le lamentable état de sa conscience, et si je lui en avais dit quelque chose il se serait amendé. Je fis donc tous les jours mes oraisons pour cette âme et je la vis souffrir beaucoup. Je suppliai Dieu de toutes les forces de mon cœur de vouloir bien la délivrer de ses tourments. Je vis cette âme pendant la nuit de Noël. Un ange vint la prendre par la main et je vis mon père tel qu'il était pendant sa vie, mais revêtu de blanc. Il me salua et me remercia de ma charité. Aussitôt, il devint éclatant de lumière. Je ne le vis plus sous une forme humaine, il disparut avec l'ange. Le matin, après la communion, je revis encore cette âme toute belle et resplendissante. Elle me dit qu'elle n'avait pas été la seule délivrée du purgatoire, beaucoup d'autres avaient été délivrées aussi. Je les vis toutes, en grand nombre. La plume est incapable de décrire le bonheur que je ressentais. Je pense que Dieu m'a accordé cette grâce d'abord par les prières de la Sainte Vierge Marie, puis par celles de mes Sœurs.

« Il me semble, dit-elle en décrivant la peine qu'elle avait à souffrir, il me semble que mon âme était dans un abandon complet, extérieur et intérieur, comme si Dieu m'avait dépouillée de tout et que plus jamais, en cette vie ni en l'autre, je ne participerais à aucun bien, que plus jamais je ne pourrais me recommander à la Sainte Vierge ni aux saints. C'est une douleur indescriptible et qui dura tout le temps que j'eus à passer dans ce lieu affreux. Il me semblait que ce temps ne finirait jamais et que toujours j'expierais. Nul ne venait à mon aide. J'étais seule et abandonnée. **Une heure de ces souffrances, c'est une éternité**. La douleur physique s'ajoutait à la douleur morale. Il me semblait qu'on me triturait les os, qu'on me travaillait les chairs, qu'on me jetait dans une fournaise, puis dans une glacière. Je tremblais de douleur. En même temps, on me rouait de coups avec toutes sortes d'instruments. Dans ces tourments, j'eus quelques communications avec Dieu : il me fit comprendre que les peines que je subissais étaient celles du purgatoire et qu'il me les faisait endurer pour libérer les âmes.

Le saint Curé d'Ars (1768-1859)

A la jeune cousine de Mme Gros, venue se confesser : « Remerciez bien votre cousine de vous avoir amenée à Ars ; sans elle, vous seriez en enfer ». Et après lui avoir indiqué les causes, une fois la confession terminée, il ajouta : «... Et puis, voyez, ma petite, comme nous sommes ingrats. Il y a dix ans que votre père souffre dans le purgatoire ; vous jouissez de sa fortune et vous ne songez pas à faire dire une seule messe qui le délivrerait. »

Sermon du Curé d'Ars pour la commémoraison des défunts :

« Comment pourrai-je faire le tableau déchirant des maux qu'endurent ces pauvres âmes, puisque les saints Pères nous disent que les maux qu'elles endurent dans ces lieux semblent égaler les souffrances que Jésus-Christ a endurées pendant sa douloureuse Passion ? Le feu du purgatoire est le même que celui de l'enfer, la différence qu'il y a c'est qu'il n'est pas éternel. Ce feu est si violent qu'une heure semblent à ceux qui l'endurent des milliers de siècles. Si l'on pouvait comprendre la grandeur de leurs supplices, nuit et jour nous crierions miséricorde pour elles. Il faudrait que le bon Dieu, dans sa miséricorde, permît qu'une de celles qui brûlent dans les flammes parût ici à ma place, tout environnée des feux qui la dévorent et qu'elle vous fît elle-même le récit des maux qu'elle endure. Il faudrait qu'elle fît retentir cette église de ses cris et de ses sanglots. Peut-être enfin cela attendrirait-il vos coeurs ! « Oh ! nous souffrons, crient-elles ! Oh ! nos frères, délivrez-nous de ces tourments : vous le pouvez ! Brûler dans un feu allumé par la justice d'un Dieu ! Souffrir des douleurs incompréhensibles ! Etre dévoré par le regret, sachant que nous pouvions si bien les éviter ! »

Nous lisons dans l'Histoire ecclésiastique qu'un saint resta six jours en purgatoire avant d'entrer dans le ciel. Il apparut ensuite à un de ses amis, en lui disant qu'il avait enduré des souffrances si grandes qu'elles surpassaient toutes celles qu'ont endurées et qu'endureront jusqu'à la fin des siècles tous les martyrs réunis ensemble ! Oh ! mon Dieu, que votre justice est redoutable pour le pécheur ! Cependant qui peut entendre sans frémir le récit de ce qu'ont enduré les martyrs, chacun en particulier ? Les uns ont été plongés dans des chaudières d'eau bouillante, d'autres sciés avec des scies de bois ; celui-ci étendu sur un chevalet, déchiré avec des crochets de fer qui lui arrachaient les entrailles ; d'autres foulés aux pieds ; celui-là étendu sur des brasiers ardents, auquel il ne restait que ses os tout noircis et brûlés ; enfin d'autres ont été mis sur des tables garnies de lames tranchantes et qui perçaient de part en part ces innocentes victimes ! Peut-on bien penser à tout cela sans se sentir pénétré de douleur jusqu'au fond de l'âme ? Or une âme en purgatoire souffre encore plus que tous les martyrs ensemble ! Qui pourra donc y tenir ? Mon Dieu, mon Dieu, ayez pitié de ces pauvres âmes !

Mais ce n'est pas là tout leur supplice. Elles souffrent plus encore de la privation de la vue de Dieu. L'amour qu'elles ont pour lui est si grand, la pensée qu'elles sont privées de le voir par leur faute leur cause une douleur si violente que jamais il ne sera donné à un mortel d'en concevoir la moindre idée. Au milieu de ces flammes qui les brûlent, elles voient les trônes de gloire qui leur sont préparés et qui les attendent. Une voix semble leur crier : « Ah ! que vous êtes privés de grands biens ! Si vous aviez eu le bonheur de redoubler vos pénitences et vos larmes, vous seriez aujourd'hui assises sur ces beaux trônes tout rayonnants de gloire ! Oh ! que vous avez été aveugles de retarder un tel bonheur par votre faute ! »

Ah ! Mes amis, nous crient ces âmes, s'il vous reste encore quelque amitié pour nous, ayez pitié de nous ! Arrachez-nous de ces flammes : vous le pouvez ! Beau ciel ! Quand te verrons-nous ? Oh ! Si vous sentiez la douleur d'être séparés de Dieu. Cruelle séparation !

Hélas ! Quand de tels supplices ne dureraient qu'un jour, qu'une heure, qu'une demi-heure, cela paraîtrait infiniment plus long à ces pauvres âmes que des millions de siècles dans les supplices les plus rigoureux ! Pourquoi cela ? Le voici. Quand Dieu punit quelqu'un en ce monde, ce n'est que sous le règne de sa bonté et de sa miséricorde, car si Dieu envoie une infirmité, une perte de biens ou d'autres misères, tout cela ne nous est donné que pour faire éviter les peines du purgatoire ou pour nous faire sortir du péché. Dans l'autre monde, au contraire, Dieu n'est conduit que par sa justice et sa vengeance. Nous avons péché et nous avons passé le temps de sa miséricorde. Il faut que sa justice soit accomplie et sa vengeance satisfaite. « Oh ! Qu'il est terrible de tomber entre les mains d'un Dieu vengeur ! »

Au sein de leurs souffrances, si elles ne peuvent rien pour elles-mêmes, ces âmes peuvent beaucoup pour nous. Cela est si vrai qu'il n'y a presque personne qui ait invoqué les âmes du purgatoire sans avoir obtenu la grâce demandée. Cela n'est pas difficile à comprendre. Si les saints qui sont au ciel et n'ont pas besoin de nous s'intéressent à notre salut, combien plus encore les âmes du purgatoire qui reçoivent nos bienfaits spirituels à proportion de notre sainteté !

SAINT PADRE PIO reçoit la visite d'une âme du Purgatoire

Un soir, Padre Pio se reposait. Seul, il était étendu depuis peu sur un lit de sangles, quand lui apparut un homme drapé dans un manteau noir. Surpris, Padre Pio se leva et lui demanda son nom et le motif de sa visite. L'inconnu répondit qu'il était une âme du purgatoire: «Je m'appelle Pietro Di Mauro. J'ai péri dans un incendie, le 18 septembre 1908, dans ce couvent transformé en centre d'hébergement pour personnes âgées, après l'expropriation des biens ecclésiastiques. Surpris dans mon sommeil, j'ai été la proie des flammes. Je viens du purgatoire: le Seigneur m'a permis de venir vous demander de célébrer à mon intention la sainte messe, demain matin. Grâce à votre prière, je pourrai entrer en Paradis.» Padre Pio l'assura qu'il célébrerait la messe à son intention ... Voici ses mots: «Je voulus le raccompagner à la sortie du couvent. Je constatai que je m'étais entretenu avec un défunt seulement quand, sur le parvis, l'homme disparut. J'avoue être rentré au couvent plutôt effrayé. Notre supérieur, abbé Paolino de Casacalenda, avait remarqué mon agitation, aussi lui racontai-je ce qui venait d'arriver et lui demandai-je la permission de célébrer la sainte messe à l'intention de cette âme. Quelques jours plus tard, abbé Paolino, intrigué, se rendit au bureau de l'état civil de la commune de San Giovanni Rotondo, où il demanda et obtint la permission de consulter le registre des décès pour le mois de septembre 1908, où figuraient les nom et prénom du défunt, de même que la cause du décès: «Le 18 septembre 1908, dans l'incendie de l'hospice, Pietro Di Mauro, fils de Nicola, a trouvé la mort.»

LA PRIERE POUR LES AMES DU PURGATOIRE

LE SANCTUAIRE DE NOTRE-DAME DE MONTLIGEON

Le Sanctuaire Notre-Dame de Montligeon a été fondé au siècle dernier par l'abbé Paul Buguet (1843-1918).

A 35 ans, le P. Paul Buguet est nommé à La Chapelle-Montligeon, petite bourgade au pied de la forêt de Réno-Valdieu, au flanc d'une colline. L'église du village est bien misérable ; les maisons grises, de même, ne donnent guère une impression de richesse. La population, composée de quelques cultivateurs et commerçants mais surtout de bûcherons, de charpentiers et de sabotiers, est alors de 770 habitants : elle a diminué de 300 âmes en un demi-siècle. Beaucoup partent chercher du travail en ville.

Deux ans avant son arrivée à La Chapelle-Montligeon, le P. Buguet avait été profondément affligé par trois décès dans sa famille. Le soir du 1er novembre 1876, son frère Auguste était écrasé par la chute de la cloche de l'église Notre Dame de Mortagne. " *Et son âme ?*", s'écrie alors le jeune abbé. Cet accident tragique est suivi de la mort de ses deux nièces âgées de 12 et 16 ans. " *Une conséquence à tirer de ce que je viens de méditer, c'est la nécessité de soulager les âmes du Purgatoire. Je n'ai que trop tardé à réaliser l'Œuvre que j'avais projetée. Il faut que je travaille à délivrer ces âmes* ", note l'abbé Buguet dans son Journal quelques mois plus tard. L'idée de créer une œuvre pour "la délivrance des âmes délaissées du Purgatoire" germe dans son esprit. Elle va devenir réalité à La Chapelle-Montligeon.

Un des soucis qui le hantent dès lors est de prier et faire prier pour tous les défunts, surtout " ceux pour lesquels personne ne prie ". Après plusieurs démarches, l'abbé Buguet obtient en 1884 de Mgr Trégaro, évêque de Sées, l'approbation des statuts de l'Association pour la délivrance des âmes du Purgatoire. Il devient alors, comme il le dit lui-même, le " commis-voyageur des âmes du Purgatoire ", quêtant de paroisse en paroisse pour bâtir son Œuvre.

En 1887, il se lance dans une autre aventure : " *Je cherchais à concilier ce double but faire prier pour les âmes délaissées et, en retour, obtenir par elles le moyen de faire vivre l'ouvrier.* " Pour cela, il décide de créer une imprimerie afin de publier les bulletins de l'Œuvre. Il commence dans une petite salle du presbytère avec l'aide d'un sabotier qui se met à sa disposition pour typographier. Pendant deux ans l'imprimerie fonctionna ainsi. Mais le nombre de bulletins augmentant, il fait construire des hangars dans la cour et achète de vieilles maisons pour loger les ouvriers et les interprètes. Les commandes arrivant, en effet, de tous les coins d'Europe, il faut les traduire de l'anglais, de l'allemand ou du flamand...

En 1894, l'imprimerie abandonne hangars et vieilles maisons pour s'installer dans de nouveaux murs : elle devient " Société anonyme des établissements de La Chapelle-Montligeon ". Elle compte à cette époque 31 ouvriers. En 1887, après le premier pèlerinage organisé pour prier pour " les saintes âmes ", les pèlerins commencent à affluer de toute la France et de l'étranger . Le renom de Notre-Dame de Montligeon commence à s'étendre de par le monde.

Nous voudrions élever, à Montligeon, une chapelle digne de notre grande et belle Œuvre où tous les jours viennent se réunir, pour monter ensemble vers Dieu, les recommandations de l'univers. ", peut-on lire en juin 1890, dans le trentième Bulletin de l'Œuvre. Très vite, pour répondre au souhait du P. Buguet, les dons affluent si bien que, le 22 septembre 1894, le premier coup de pelle est donné. Parallèlement, l'abbé Buguet commence ses grands voyages, toujours comme missionnaire des âmes du Purgatoire : Rome (1893) où il est encouragé par le pape Léon XIII, l'Europe occidentale (1895), les États-Unis (1897), l'Allemagne et l'Europe Centrale (1898), l'Espagne (1899). Il voyage. Le 4 juin 1896, la première pierre de la future basilique Notre-Dame de Montligeon est bénie. En cette même année, l'abbé Paul Buguet quitte le presbytère et vient loger avec ses collaborateurs dans un immense bâtiment en haut de l'esplanade : la Maison des Chapelains. En mai 1905, le chœur et la nef principale sont achevés.

Le 23 octobre 1910 - Dans un "Motu Proprio", le Pape Pie X place "sous sa spéciale protection et celle de ses successeurs" l'Œuvre Expiatoire et lui concède l'usage de la basilique Santa-Maria in Monte-Santo. La première messe a lieu le 1er juin 1911, pour le pèlerinage annuel.

Malheureusement, du fait de la guerre, les travaux sont interrompus en 1916. Cette année-là, le Père Buguet fête son jubilé sacerdotal. Deux ans plus tard, épuisé, il meurt à Rome le 14 juin 1918. Son corps, ramené à Montligeon, repose sous la Basilique.

Au fil des années, l'œuvre de Montligeon s'est développée à travers le monde. De multiples groupes de prière et de vie chrétienne se sont implantés en Europe, aux Amériques, en Asie et surtout en Afrique. Des messes sont ainsi célébrées chaque jour dans le monde aux intentions confiées à Notre-Dame de Montligeon. Cette vaste "fraternité sans frontière" est devenue comme une sorte de paroisse invisible, autour de la Basilique, pour assurer indéfiniment la grande intercession qui relie l'Eglise d'ici-bas à Celle de l'au-delà.

Trois prêtres, membres de la communauté St Martin, forment l'équipe pastorale du Sanctuaire. Six Sœurs de la communauté de la Nouvelle Alliance sont installées dans le village de La Chapelle-Montligeon, à proximité du sanctuaire. Leur mission est de « servir la miséricorde divine dans la simplicité et la joie »

****

[2]Offrir une messe perpétuelle

La prière pour les défunts et la messe perpétuelle
La célébration de la messe est au cœur de l'œuvre de Montligeon. Depuis 1884 on y prie spécialement pour tous les défunts recommandés à la prière du sanctuaire : c'est la Fraternité de Montligeon. Aujourd'hui encore, chacun est libre de s'inscrire ou de demander l'inscription d'un proche vivant ou défunt à la Fraternité.
Rejoignez l'œuvre de prière de Montligeon et expérimentez le beau mystère de la communion avec nos défunts, par-delà la mort.
« Faites cela en mémoire de moi » (Lc 22, 19)

Quelles différences entre une intention de messe et l'inscription à la messe perpétuelle de la Fraternité Notre-Dame de Montligeon ?

L'intention de messe
On peut faire dire une messe pour une personne, pour un évènement, une cause, ou pour dire merci.
Pour un vivant ou un défunt, pour vous-même, pour demander ou rendre grâce à Dieu, pour une occasion particulière (anniversaire de naissance, de mariage, de décès...), pour soutenir un proche en difficulté ou en souffrance, ou pour une intention plus générale concernant l'Église ou le monde par exemple.

L'inscription à la messe perpétuelle de la Fraternité de Montligeon
Inscrire un proche vivant ou défunt à la Fraternité Notre-Dame de Montligeon est nominatif et définitif.

---

[2] https://montligeon.org/offrir-une-messe-perpetuelle/

C'est faire bénéficier à cette personne de la messe perpétuelle célébrée tous les jours.
C'est aussi lui faire bénéficier de la prière de plus de 30000 adhérents à la Fraternité dans le monde entier, qui se sont engagés à prier pour les membres de la Fraternité.
C'est un cadeau spirituel qui perdurera même après sa vie terrestre.

"Rien ne saurait être plus agréable à Dieu que l'institution de la messe perpétuelle."
Saint Pio de Pietrelcina – Padre Pio

Prier pour les morts

«...La pensée de prier pour les morts, afin qu'ils soient délivrés de leurs péchés, est une pensée sainte et pieuse. Notre prière pour eux peut non seulement les aider mais aussi rendre efficace leur intercession en notre faveur.»
Catéchisme de l'Église Catholique :
n°958 La communion avec les défunts.

Toucher les cœurs, même après la mort

"L'union de ceux qui sont encore en chemin, avec leurs frères qui se sont endormis dans la paix du Christ, ne connaît pas la moindre intermittence ; au contraire, selon la foi constante de l'Église, cette union est renforcée par l'échange des biens spirituels."
Lumen gentium, 49 Concile Vatican II

Adresse postale :
Sanctuaire Notre-Dame de Montligeon
26 Rue Principale,
61400 La Chapelle-Montligeon

Site : https://montligeon.org/

CHAPELLE SAINTE RITA A NICE - ÉGLISE DE L'ANNONCIATION

[3]Qu'est-ce que la Fondation des messes perpétuelles et quotidiennes ?

Depuis plus de cinquante ans, les Pères Oblats de la Vierge Marie célèbrent quotidiennement la messe aux intentions de tous les inscrits à la **Fondation des messes perpétuelles quotidiennes**.

La valeur spirituelle de la **messe** est infinie, puisque c'est le Christ lui-même qui s'offre pour « la gloire de Dieu et le salut du monde ». En ce sens chaque **messe** a toujours une valeur universelle, elle est toujours célébrée pour tous et pour chacun. Mais dès les temps les plus anciens l'Eglise a considéré que l'on pouvait spécifier une intention particulière. C'est l'origine de *l'intention de messe* que l'on peut demander à un prêtre.

La **Fondation des messes perpétuelles quotidiennes** est une institution de la Congrégation des Oblats de la Vierge Marie qui œuvrent à l'église **Sainte Rita à Nice**. Tous les jours une messe est célébrée dans cette église avec comme intention particulière toutes les personnes inscrites à la Fondation, et ce sans limitation de temps, d'où le nom de « **messes perpétuelles** ».

C'est un grand réconfort de savoir que chaque matin, la personne que nous avons inscrite, qu'elle soit vivante ou défunte, est portée dans l'intention de la première messe du matin célébrée en l'**Eglise de Sainte Rita de Nice**.

---

[3] https://www.sainte-rita.net/

Les offrandes de l'inscription contribuent à soutenir la <u>Congrégation des Oblats de la Vierge Marie</u>.

Les <u>inscriptions sont individuelles</u>. Vous ne devez donner le nom que d'<u>une seule personne</u>, vivante ou décédée, pour chaque inscription.

Le montant de l'**offrande pour l'inscription** est la même que pour une messe ordinaire, à savoir **18 €**.

<u>Inscrire une personne à la Fondation des Messes perpétuelles et quotidiennes</u> :
https://boutique.sainte-rita.net/messes-et-prieres/faire-celebrer-une-messe/messe-perpetuelle-quotidienne.html

La **Fondation des Messes perpétuelles et quotidiennes** est une Fondation érigée en conformité aux dispositions du Droit Canon (Can.1303). Les Oblats de la Vierge Marie s'engagent à célébrer, chaque jour et à perpétuité, une Eucharistie à l'intention de toutes les personnes inscrites, vivantes ou décédées (à 7h30 en semaine et à 9h le dimanche en la **Chapelle Sainte Rita** à **Nice**, France).

<u>Contact :</u>
Œuvres de Sainte Rita
1 rue de la Poissonnerie
06359 Nice Cedex 4 - FRANCE

Site : <u>https://www.sainte-rita.net/</u>

[4]Avez-vous déjà pensé à faire dire un trentain ?

Solenn Varennes - publié le 30/10/21 - _mis à jour le 05/03/24_

Faire dire une messe pour le salut de l'âme d'un défunt est une pratique courante. Mais pourquoi pas une série de 30 messes ? Cette pratique ancienne, un peu oubliée mais néanmoins toujours en vigueur, est appelée le trentain grégorien.

Un trentain est une série de 30 messes célébrées par un prêtre de manière consécutive, dans le but de sauver les âmes du purgatoire. Cette pratique, remontant à la fin du VIème siècle, a été instituée par le pape Saint Grégoire le Grand (d'où le nom de trentain grégorien). Avant d'être nommé pape, saint Grégoire était abbé à l'abbaye de saint André, à Rome. A la mort de l'un des moines de l'abbaye, Justus, on découvrit dans sa cellule trois pièces d'or. Saint Grégoire, qui attachait une très grande importance à la discipline, ne pouvait pas laisser passer ce manquement à

---

[4] https://fr.aleteia.org/2021/10/30/avez-vous-deja-pense-a-faire-dire-un-trentain

la Règle qui interdisait toute propriété individuelle. Devant la gravité de cette faute, le Père abbé décida donc de jeter le corps de Justus à la fosse commune. Cependant, la miséricorde l'emporta dans le cœur de saint Grégoire et celui-ci décida de célébrer une messe pendant 30 jours pour la délivrance du moine Justus.

Une coutume "pieuse, approuvée et raisonnable"

« Ayez soin que pendant 30 jours, le Saint Sacrifice soit offert pour lui et qu'on ne manque pas un seul jour d'immoler la Sainte Victime à son intention » peut-on lire dans *Dialogues*, rédigé en 593 (L. IV, ch 55). Au terme du trentain, le moine apparut à l'un de ses frères dit-on et lui annonça qu'il était délivré et se trouvait désormais dans la lumière auprès de Dieu. Plus tard, le Seigneur fit la promesse à Saint Grégoire que toutes les âmes du purgatoire pour qui seraient célébrées 30 messes consécutives recevraient la même grâce de délivrance. Le pape Benoît XIV en 1752, puis la Congrégation des indulgences en 1884, qualifièrent cette coutume de "pieuse, approuvée et raisonnable". Actuellement, l'usage du trentain est encore très répandu à Rome, beaucoup moins dans le reste de l'Italie et dans les autres pays. La pratique du trentain est rendue aujourd'hui plus difficile à cause notamment de la diminution des couvents d'homme et du manque de prêtres, souvent occupés au ministère paroissial. Néanmoins, il est toujours possible de le faire en respectant néanmoins quelques conditions.

Il est tout d'abord absolument nécessaire que les 30 messes soient célébrées de manière consécutive. Le trentain doit être célébré pour une seule personne défunte. Il n'est en revanche pas requis que les messes soient célébrées par le même prêtre (en cas de maladie ou de décès), ni sur le même autel. Le montant de l'offrande pour la célébration d'un trentain grégorien proposée par l'Assemblée des Évêques de France s'élève à 580 euros. Cette offrande sert à couvrir les frais de fonctionnement de la paroisse ou du monastère et aide les prêtres à vivre. Il est important de rappeler que ce montant est donné à titre indicatif et qu'il ne doit pas être dissuasif. Faire célébrer un trentain pour une personne défunte qui nous est chère, c'est la confier à la miséricorde de Dieu, manifestée dans l'Eucharistie.

Du même auteur :

- Rosaire médité à partir d'extraits de la Bible et des messages de Medjugorge.

- Rosaire médité à partir des messages des apparitions de la Sainte Vierge Marie au Sanctuaire de Notre Dame du Laus.

- Prières aux Saints pour les causes urgentes.

Photographies : Patrick MARAJO